Anthologie poétique de

# Maha Baeshen

Traduction

# Imane Zerguit

Anthologie poétique de **Maha Baeshen**

Anthologie poétique de

# Maha Baeshen

Traduction : **Imane Zerguit**

Révision : **Dr. Amal Fekry**

Photo de couverture: **Reem Baeshen**

Anthologie poétique de **Maha Baeshen**

# Introduction

Depuis que j'ai rencontré la créative d'Arabie Saoudite Maha Baeshen, dans une de ses soirées de la poésie, j'ai décidé immédiatement de transmettre cette créativité au lecteur français, c'est donc de faire une traduction à la langue Française de certaines poésies de ce que j'ai entendu et d'autres de ce que j'ai lu dans ses recueils de poèmes, elle m'attire avec la douceur de sa voix lorsqu'elle s'est lancée dans la lecture du poème, et de plus ce qui me confirme qu'il faut traduire certaines de ces travaux créatifs

Anthologie poétique de **Maha Baeshen**

sont les belles et sublimes sens que Maha a écrit dans ces différents poèmes.

Maha Baeshen se caractérise par une structure linguistique cohérente, elle traite le poème comme elle traite ses tableaux peintures, commençant par dessiner les phrases expressives par lesquelles elle réussit de transmettre ce qu'elle veut au lecteur.

Dans ces papiers je vous présente un recueil de poèmes de Maha Baeshen, ces poèmes sont pris des trois recueils différents sont : "Femme d'orient" et "Livre qui s'appelle l'amour"

Anthologie poétique de **Maha Baeshen**

Et " Les choses de filage " et j'ai tenu de choisir des poèmes qui traitent des principaux sujets qui préoccupe notre poète, en plus les écrits du poète visent la liberté, l'amour et la paix.

Maha possède une sobriété linguistique ce qu'elle rend la première Arabe qui obtient le Prix de la personne Arabe du centre Arabe Européen en Norvège, de son roman "L'amour sur le toit du Marmara".

À propos de moi, j'ai beaucoup apprécié lorsque j'étais en train de travailler sur les poèmes de Maha Baeshen, car vraiment je trouve mon bonheur et mon être dans ses sublimes travaux, c'était mon premier ouvrage imprimé en français, et je transmis à travers lequel une

Anthologie poétique de **Maha Baeshen**

expérience poétique arabe très importante pour les lecteurs français, enfin j'espère que vous trouverez le livre amusant.

Imane Zerguit

Anthologie poétique de **Maha Baeshen**

## Souvenir d'amour

On prend et on donne l'amour

Sans équivalence

Bien qu'il coûte cher

Il n'a pas de prix

Anthologie poétique de **Maha Baeshen**

L'amour est un mot

Qu'on en dise une seule fois

À une seule personne

Méfiez-vous de jouer avec le feu

Anthologie poétique de **Maha Baeshen**

Sa chaleur brûle fortement

Au fond du cœur éclatera

L'amour pour moi est un message

Honnête, sacrifice et fidélité

Anthologie poétique de **Maha Baeshen**

L'amour pour moi est une offre

Un sentiment sacré

Qu'il a sa sainteté et sa loi

L'amour pour moi est un seul amant

Anthologie poétique de **Maha Baeshen**

Personne avant lui

Ni après lui

C'est toi mon premier

Et mon dernier amour

Anthologie poétique de **Maha Baeshen**

Mon cœur à ton amour s'est accroché

Briser le silence

Et plonger dans les profondeurs

Et ouvre la voie pour un rêve rose

Anthologie poétique de **Maha Baeshen**

La joie se dessine sur mes lèvres

Son souvenir est l'intonation

Qui ne se termine pas

Sur les cordes de la vie

Anthologie poétique de **Maha Baeshen**

Un chemin rempli de fleurs

Et un souvenir qui ne disparaîtra pas

Anthologie poétique de **Maha Baeshen**

## Mon adresse

Ma vie était un désert

Jetée au loin

Soif se languit d'une goutte d'eau

Stérile sans arbre

Anthologie poétique de **Maha Baeshen**

Et sans espace vert

J'ai vu un mirage qui m'attire vers lui

Je cours derrière lui en soufflant de la fatigue

Chaque fois que je m'approcherai de lui

Anthologie poétique de **Maha Baeshen**

Il s'éloigne de moi et s'enfuit

J'ai vécu mes derniers jours

Etrange oubliée au milieu d'un désert aride

La vie est un désert interminable

Anthologie poétique de **Maha Baeshen**

Le jour où je t'ai trouvé

Tu devenais pour moi famille et tribu

Et tu deviens mon adresse

Je t'ai vu brillant comme une lune lumineuse

Anthologie poétique de **Maha Baeshen**

J'ai aimé ta voix qui me dirige vers toi

Et ton âme devient un fantôme devant moi

Au milieu d'une longue nuit

J'ai vu dans tes yeux quelque chose d'indescriptible

Anthologie poétique de **Maha Baeshen**

Et j'ai entendu une voix qui s'engendre au fond de toi

À l'existence tu m'as pris par tes mains

Et on a marché doucement et avec prudence

J'entre dans ton grand cœur

Anthologie poétique de **Maha Baeshen**

Et tu es devenu ma seule adresse

Anthologie poétique de **Maha Baeshen**

## Lune et bougie

Ensemble on a aimé la lune

Dans une nuit que je n'oublierai jamais tant que je vivrai

Et la lune est devenue notre ami

Qui nous murmurons et qui garde nos secrets

Anthologie poétique de **Maha Baeshen**

Il nous a surpris avec une joie d'amour

Lorsqu'on marche la main dans la main

Comme si la terre devient à nous

Et comme si le ciel est serti d'étoiles pour nous

Anthologie poétique de **Maha Baeshen**

Toi et moi avons vu la lune

Qui nous sourit

L'innocence nous a pris dans son visage éclairé

On s'imaginait que la lune

Anthologie poétique de **Maha Baeshen**

Tombe sur nous avec les fils d'or

Sa tendresse était plus grande que nous

Et c'était dur pour nous

D'envisager l'espace sans lune

Anthologie poétique de **Maha Baeshen**

Dans l'obscurité et dans les nuits orageuses

On ferme les portes et on ferme les fenêtres de la maison

En l'absence de la lune on proteste

Le chagrin nous attrapons

Anthologie poétique de **Maha Baeshen**

Et la tendresse se renforce dans nos cœurs

On passe les nuits avec la lumière d'une bougie

Qui ressemble à une lune arrondie

Tu es mon amour

Anthologie poétique de **Maha Baeshen**

Tu es la lune qui ne disparaîtra pas

Et je suis la bougie qui brûle tout doucement

Anthologie poétique de **Maha Baeshen**

## Femme d'Orient

Je suis une femme d'orient

Libre et libérale

J'adore Dieu tout puissant

Et je vénère le Saint Coran

Anthologie poétique de **Maha Baeshen**

Je prends soin des droits de l'homme

Je respecte les législations

Des êtres humains et leurs lois

Je choisis entre eux

Anthologie poétique de **Maha Baeshen**

Ce qui est compatible avec ma doctrine

Ce qui est habituel dans mon pays

J'aime la spiritualité de l'orient

Elle s'enracine dans ma propre entité

Anthologie poétique de **Maha Baeshen**

L'orient pour moi

Est un patrimoine authentique et

Le berceau des religions monothéistes

Et la source des civilisations

Anthologie poétique de **Maha Baeshen**

Une fois après l'autre

Je m'éclate au grand occident

La ville animée me fascine

Et parfois m'effraye

Anthologie poétique de **Maha Baeshen**

Les innovations me prennent

Et la technologie moderne est stupéfiante

Mais la mondialisation me craint

Je m'interroge sur le destin des millions

Anthologie poétique de **Maha Baeshen**

Des serviteurs de Dieu

Ceux qui rampent dans l'existence

Et qui n'existent pas

Ce qui me dérange dans l'occident

Anthologie poétique de **Maha Baeshen**

Qu'il devient autant

Plus adorable au matérialiste

Jour après jour

Et génération après génération

Anthologie poétique de **Maha Baeshen**

Je suis une femme d'orient

Je possède mon être

Et ma lutte audacieuse

Je vis et j'exprime ma personnalité

Anthologie poétique de **Maha Baeshen**

J'aime et je me réjouis

Je chagrine et parfois blesser

Mais je n'aime pas la douleur

Je refuse qu'elle devienne mon enseignante

Anthologie poétique de **Maha Baeshen**

Vous m'interrogez d'amour

C'est la plus belle chose dans la vie

Moi j'ai su le vrai amour

J'ai obtenu ce précieux trésor

Anthologie poétique de **Maha Baeshen**

Je suis une femme d'orient

Mon ambition est indéterminée

Mes rêves sont énormes et indicibles

Anthologie poétique de **Maha Baeshen**

## Longue nuit

Je ne sais pas s'il se prolonge
Notre nuit nette et longue

La lune est tombée sur nous
Et la surprise nous étonne

Anthologie poétique de **Maha Baeshen**

L'amour n'est pas nouveau
L'amour ne se remplace pas

Nous sommes tombés amoureux au
Moment où Il s'était penché vers l'esprit

Anthologie poétique de **Maha Baeshen**

Et l'amour était un prince
Qui donne des ordres à tout et qui dit

Notre nuit est un beau souvenir
Qu'il retentissait de l'impossible

Anthologie poétique de **Maha Baeshen**

Il porte la lune et il part
C'était une longue nuit

Anthologie poétique de **Maha Baeshen**

## Tu as lu mes larmes

Tu as pris mon cœur tu as lu mes larmes
Tu vis à mon âme et entre mes côtes

Comme un enfant qui se cache de sa nourrice
Je reviens vers toi en toute révérence

Anthologie poétique de **Maha Baeshen**

Je viens et dans mes yeux une envie
Et une nostalgie semblables à la lumière des bougies

 Je viens comme quelqu'un qui se prépare à un mariage
Avec une mise en beauté par une robe adorable

Anthologie poétique de **Maha Baeshen**

J'ai oublié mes larmes et je n'ai rien dit
J'ai laissé la voile sans soutien

Et je suis resté éveillé en pleurant pour toi
Dès le début de la nuit jusqu'à sa fin

Anthologie poétique de **Maha Baeshen**

Viens à moi Comme quelqu'un
Qui récupère le début d'un amour comme un bébé

Anthologie poétique de **Maha Baeshen**

## Flamme du cœur

Dans la sérénité d'esprit la luminance me vient
Du bruit de la terre la sérénité me protège

Une flamme dans le cœur devient une étoile
Portant l'esprit sur les ailes de l'espace

Anthologie poétique de **Maha Baeshen**

Et de l'amour une beauté qui me rend heureuse
Il rend la fidélité éternelle

J'ai un amant qui s'inspire de moi les souhaits
Et les prières qui atteignent le ciel

Anthologie poétique de **Maha Baeshen**

Il a pris mon cœur
Et il ordonne mon âme de tout ce qu'il veut

Il est pour moi au-dessus des sommets
Son front haut rejette l'humiliation

Anthologie poétique de **Maha Baeshen**

Je prie Dieu qu'il affirme ses pas
Car il est quelqu'un très généreux

Anthologie poétique de **Maha Baeshen**

## Sur la promesse

Sur la promesse je resterai et le temps passe
Et j'écris un amour dans lequel une sûreté

Il est rempli de mon cœur comme des fleurs chères
Il est irrigué par les larmes et il est arrosé par la tendresse

Anthologie poétique de **Maha Baeshen**

Malheureusement la vie est un pari
Dans l'amour il ne faut pas prendre le pari

On vit l'amour et le cœur brisé
On meurt du manque et le déshonneur disparait

Anthologie poétique de **Maha Baeshen**

Sur la promesse je resterai car tu es mon amour
Il a dans mon existence une place

Il est dans mon entité
Un grand amour en toute sincérité préserve

Anthologie poétique de **Maha Baeshen**

Je meurs car je t'aime d'un amour
Pendant toute la vie en sûreté

Anthologie poétique de **Maha Baeshen**

## Douleurs

Les douleurs du doute me viennent
Et mon amie la nuit me veille

La lune me manque et je la cligne
Et la lune disparaît ainsi il me dénie

Anthologie poétique de **Maha Baeshen**

Et si mon amour partit vite
Une partie de mon cœur partira

L'amour me vient mais je le repousse
Et le manque me vient puis il m'ordonne

Anthologie poétique de **Maha Baeshen**

La nuit fait adieu à ses amis
Car le matin est un ennemi qui m'avertit

Dans l'amour je me suis fondu doucement
Et le manque dans son prison me captive

Anthologie poétique de **Maha Baeshen**

On dépense la vie comme l'argent
Comme le rêve disparaît et m'éjecter

Anthologie poétique de **Maha Baeshen**

## Pour ses yeux

J'ai révisé mes feuilles et toutes mes pensées
Pour ramasser les rêves sur mes cahiers

Et voilà l'amour s'approche de moi et me saluer
Et il t'emporte dans un doucement clair

Anthologie poétique de **Maha Baeshen**

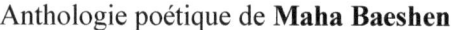

Je l'ai salué par une main qui a fondu dans la main
Je l'ai fait entrer dans mon cœur et dans tous mes sentiments

Avec les larmes des amoureuses j'ai écrit un poème
Et pour ses yeux j'ai oublié mes stylos

Anthologie poétique de **Maha Baeshen**

Je me vois pencher sur lui
Comme un enfant aspirait à un câlin fort et puissant

j'ai pu me remettre pour aimer avec orgueil
Oh ma crainte si ton amour brisera ma dignité

Anthologie poétique de **Maha Baeshen**

Dans tes mains je ne bouge plus
Tu es le passé et tu es tout le présent